गोपाल सिंह नेपाली

गोपाल सिंह नेपाली का जन्म 11 अगस्त, 1911 को बेतिया (बिहार) में हुआ। प्रवेशिका तक शिक्षा।

उनकी प्रमुख कृतियाँ हैं—'उमंग' (1934), 'पंछी' (1934), 'रागिनी' (1935), 'नीलिमा' (1939), 'पंचमी' (1942), 'नवीन' (1944), 'हिमालय ने पुकारा' (1963), 'असंकलित रचनाएँ' (2007)।

'सुधा' (1933), 'चित्रपट' (1934), रतलाम टाइम्स', 'पुण्यभूमि' (1935-1937), 'योगी' (1937-1939) के सम्पादन से जुड़े रहे। बेतिया राज प्रेस (1940-1944) के व्यवस्थापक भी रहे। फिल्मों के लिए गीत लिखे। फिल्म-निर्माण और निर्देशन क्षेत्र में भी सक्रिय रहे।

नीलिमा

गोपाल सिंह नेपाली

राजकमल पेपरबैक्स

पहला संस्करण 1934 में साहित्य मंडल, दिल्ली से प्रकाशित

राजकमल पेपरबैक्स में
पहला संस्करण : 2025

राजकमल पेपरबैक्स : उत्कृष्ट साहित्य के जनसुलभ संस्करण

राजकमल प्रकाशन प्रा. लि.
1-बी, नेताजी सुभाष मार्ग, दरियागंज
नई दिल्ली-110 002

शाखाएँ : अशोक राजपथ, साइंस कॉलेज के सामने, पटना-800 006
पहली मंजिल, दरबारी बिल्डिंग, महात्मा गांधी मार्ग, प्रयागराज-211 001
1, अनमोल सोराबजी सन्तुक लेन, धोबी तलाव, मरीन लाइंस, मुम्बई-400 002

वेबसाइट : www.rajkamalprakashan.com
ई-मेल : info@rajkamalprakashan.com

विकास कम्प्यूटर एंड प्रिंटर्स
ट्रॉनिका सिटी-201 102
द्वारा मुद्रित

मूल्य : ₹ 199

NEELIMA
Poetry by Gopal Singh Nepali

ISBN : 978-93-6086-022-6

कवि की जीवन-संगिनी स्वर्गीया वीणा रानी

जिसका प्रेम मेरे लिए आषाढ़ का पहला दिन है
जिसकी बड़ी-बड़ी आँखों में मेरी दुनिया छिपी हुई है
जिसके होंठों में मुझे सारी मुसीबतों का जवाब मिलता है
जिसके सन्ध्या की तरह मेरे सामने आते ही
मेरे मन-मन्दिर के सारे दीपक जल उठते हैं
उसी
पहले क्षण की तरह नवीन
पहले झोंके की तरह मतवाली
आँसू की तरह दुबकी-सहमी-प्यारी
अपनी रानी को!

—गोपाल सिंह नेपाली

बम्बई,
24 जुलाई, 1944

क्रम

नीलिमा

गगन भी नील नयन भी नील

बहुत मिलते-जुलते दो लोक :
गगन भी नील नयन भी नील!
गगन का जीवन है दिनमान,
जवानी है तारों की रात!
गगन के आँगन से घनश्याम
मचा देते दिशि-दिशि बरसात!
फेंकता जीवन पर आलोक
नयन का सहज अमन्द प्रकाश!
उमड़कर नयन-गगन में मेघ
हिलाते नयनों का आकाश!
गगन का चन्द्र-निकेतन नील,
नयन का घर-आँगन भी नील!

गगन का नील निराला लोक,
गगन का नील सिन्धु गम्भीर!
नयन जैसे सागर का तीर
नयन जैसे नभ की तस्वीर!

गगन का नयनों पर प्रतिबिम्ब,
नयन का गगनांगन-विस्तार!
गगन की स्वप्निल मायापुरी,
नयन का झिलमिल है संसार!
गगन का उड़ता अंचल नील,
नयन का नीर-वसन भी नील!

गगन का दर्पण पूनो-चाँद,
गगन के ज्योति-दीप नक्षत्र!
गगन-वन में मेघों के कुंज,
खिले आकाश-कुसुम सर्वत्र!
नयन के ज्योति-दीप हैं अश्रु,
नयन है छवि का चित्रित द्वार!
गगन है गीत-रुदन की गूँज
नयन मन-पायल की झनकार!
कमल भी नील सरित् भी नील,
नयन का जल-जीवन भी नील!

आया मेरा श्याम उमड़ के

(गीत)

निहारो स्नेही, बूँद-बूँद जल बरसे!
छाई काली घटा घुमड़ के,
आया मेरा श्याम उमड़ के;
नीचे यह लोभी चातक है, स्वाति-बूँद ऊपर से!

जग में नव-दस मास बिताए,
पर दृग में घनश्याम न छाये;
अब बोला है प्रेमी जलधर अनुरागी गिरिधर से!

निपट अँधेरा, नाव किनारे,
प्राण, न बैठो डर के मारे;
चलो उठो, पतवार सँभालो, दूर बसे पिय घर से!

नूपुर आज बजाओ ना

(अनुरोध)

इतनी भी क्या देर कर रहीं,
झटपट साज सजाओ ना!
मेरे सूने-से आँगन में
नूपुर आज बजाओ ना!

(1)

यों तो वन-उपवन में उड़ती
है फूलों की धूल,
उपवन की क्यारी-क्यारी में
बिछे हुए हैं शूल;
पर जब आता नव वसन्त है,
खिल उठते वनफूल,
सजती डाल, पवन चलता है
डाल-डाल पर झूल!
तुम भी जीवन की तरंग में
झूलो और झुलाओ ना!

गा-गाकर मधुगान कोकिले,
सरस वसन्त बुलाओ ना!

(2)

यों तो पहले से टूटे हैं
जग-वीणा के तार,
उत्सव बिना जगत सूना है,
लगता जीवन भार;
पर जब आता पावस, होती
फुहियों की बौछार,
सुन संगीत झमक उठता है
मंत्रमुग्ध संसार!
प्यासे मेरे प्राण, प्रेम से
जीवन-सुधा पिलाओ ना!
पढ़कर मंत्र, छिड़क ममता-जल,
आओ आज जिलाओ ना!

(3)

शैल-शिखर पर उड़ते फिरते
हैं मेघों के यान,
गूँजा करते हैं जंगल में
निर्झरिणी के गान;
तिमिर-गहन निस्तब्ध रात्रि में
कोकिल की मृदु तान,

निद्रा में, सपने में, गूँजा
करती है अनजान!
मेरे मन में जीवन-वन में
गूँजो और गुँजाओ ना!
जीवन की इस अर्द्ध रात्रि में
आओ, राह सुझाओ ना!

(4)

नियति-व्यंग्य से, प्रकृति-रोष से
मानव है भयभीत,
आँखों में आँसू भरकर वह
गाता दुख के गीत;
कठिन विरह अनुकूल जगत में,
मधुर मिलन विपरीत,
जन्म-जन्म की हार और यह
दो-दो क्षण की जीत!
युग-युग व्यापी उत्पीड़न से
मेरे प्राण छुड़ाओ ना!
मेरे उर की दीप-शिखा में
आओ नयन जुड़ाओ ना!

(5)

जग का गहन तिमिर हरता है
नव प्रभात रवि बाल,

डाल दिया करती मुट्ठी-भर
सन्ध्या अबिर-गुलाल;
ज्योति-तिमिर की वय:सन्धि में
जग का यौवन लाल,
चन्द्रकिरण बुनती है जलथल
दिग-दिगंत छवि-जाल!
मेरे जीवन के निकुंज में
चन्द्रकिरण बन आओ ना!
मेरी आँखों की पलकों पर
मधुर स्वप्न बन छाओ ना!

(6)

क्षणिक जगत, जीवन क्षणभंगुर,
किन्तु अमर है पीर!
सुख है चंचल, दुख है चंचल,
प्राण-स्त्रोत गम्भीर!
खेल रहे हैं हम-तुम दोनों
जन्म-मरण के तीर!
दोनों जग के बीच खिंची है
लम्बी एक लकीर!
बहुत पुरानी इस लकीर को
आओ आज मिटाओ ना!
जन्म-ज्योति से मृत्यु-तिमिर की
सीमा दूर हटाओ ना!

उठो सजनि, आरती उतारो

(दीपोत्सव)

प्रिये, आज अपने आँगन में
घी के दिए जलाओगी!

(1)

नक्षत्रों की सरल ज्योति से
जगमग है आकाश,
खिल उठता घन के टुकड़ों में
विमल चन्द्र का हास;
ज्योति उगलते हैं भुक-भुककर
ये नन्हे खद्योत,
सहम-सहम उठती है छाया
तरु-कुंजों के पास!
यही ज्योति का मंगल-अभिनय
आँगन में दिखलाओगी!
प्रिये, आज अपने आँगन में
घी के दिए जलाओगी!

(2)

जगमग ज्योति, पवन के झोंके,
निर्मल जल की धार,
कक्ष-कक्ष रम रही निशा की
पायल की झनकार
सुनो, मधुर होता है कितना
अग-जग का संगीत
दिए जलाओ, देखो बाहर,
सुन्दर है संसार!
उर के पलने में इस छवि को
तुम दिन-रात झुलाओगी!
प्रिये, आज अपने आँगन में
घी के दिए जलाओगी!

(3)

घर-आँगन में, कक्ष-कक्ष में
आज सजा लो दीप,
कर शृंगार खड़ी हो जाओ
तुम भी दीप-समीप;
दो-दो दीपों से झिलमिल हों
आज तुम्हारे लोक,
बाहर घर के दीप, स्नेहमयि,
भीतर हृदय-प्रदीप!
अश्रुभरी इन आँखों को तुम
निर्मल ज्योति दिलाओगी!

प्रिये, आज अपने आँगन में
घी के दिए जलाओगी।

(4)

रजनी-प्रिया खड़ी आँगन में
सजे मिलन का साज,
दुबकी है घूँघट के भीतर
तिमिरमयी की लाज;
इस झिलमिल में इस उमंग में
गाकर मंगल गान,
उठो सजनि, आरती उतारो
एक सखी की आज!
आज प्रज्वलित दीप-शिखा से
तम का मर्म छुलाओगी!
प्रिये, आज अपने आँगन में
घी के दिए जलाओगी!

(5)

तरु डालों पर बैठ बजाये
मलय-समीर मृदंग,
ठुमुक-ठुमुककर रजनी नाचे,
गाये सिन्धु-तरंग;
लो देखो, ऐसी होती है
जग की शाश्वत केलि,

क्या आश्चर्य, हमारे मन जो
उठती मधुर उमंग!
इस शाश्वत गायन-स्वर में तुम
अपना कंठ मिलाओगी!
प्रिये, आज अपने आँगन में
घी के दिए जलाओगी!

(6)

आज यहाँ दीपोत्सव है री,
ज्योति कर लो गेह!
तिमिर निवार हमारे जग का,
भर लो उर में स्नेह!
आज जगत की जो इच्छा है
वही हमारी चाह!
इस छप्पर पर भी बरसे री,
अब कंचन का मेह!
जीवन-सागर में हँस-हँसकर
अपनी नाव चलाओगी!
प्रिये, आज अपने आँगन में
घी के दिए जलाओगी!

झपझप-झपझप खेल रहा है
(दीप)

जगमग-जगमग जगा हुआ है
यह मेरे मंगल का दीप!

(1)

मैं सजीव हूँ, मुझको कोई
आज दे गया अपना प्यार,
आज मधुर है मेरा जीवन,
आज मधुर मेरे उदगार;
आज पाँति में मैं दीपों की
बैठा हूँ फूला-फूला,
कहीं उड़ गया है परिमल-सा
मेरे जीवन का कटु भार!
झिलमिल-झिलमिल फैल रहा है
यह मेरे सम्बल का दीप!

(2)

मैं जाग्रत हूँ, मुझको आकर
जगा गया कोई अनजान,
दिग-दिगन्त में दूर-दूर तक
गूँज रहे हैं मेरे गान;
इन दीपों की धप-धप लौ में
मैं कुछ अपनापन पाता,
एक ओर मैं भी ज्वलन्त हूँ,
एक ओर ये भी द्युतिमान!
जल-जलकर जीता है जग में
मेरे अन्तस्तल का दीप!

(3)

मैं प्रफुल्ल हूँ, मुझको कोई
आज दे गया है आनन्द,
आज तरंगित-उद्वेलित हैं
मेरी गति, मेरी मति मन्द;
जग के इस गद्गद मानव के
जीवन का कुछ ऐसा हाल,
अधर प्रकम्पित, कंठ रुँधा है,
लोचन आधे-आधे बन्द!
फूट पड़ा है अँधियाले में
आज अश्रु निर्मल का दीप!

(4)

मैं उद्धत हूँ, मुझको कोई
बना गया है अपना मित्र,
बता गया है जीवन तत्पर,
सेवा निश्छल, त्याग पवित्र;
बिना ज्योति का मानव जीवन
अँधियाला-सा ही होता,
अमर ज्योति-गर्भित जीवन का
ऐसा ही होता है चित्र!
झपझप-झपझप खेल रहा है
यह मेरी अंजलि का दीप!

(5)

मैं राही हूँ, मेरे आगे
खिंची हुई है एक लकीर,
मैं नाविक हूँ, मेरे आगे
गरज रहा सागर गम्भीर;
बड़े प्रेम से दीप सँजोकर
गाता हूँ जीवन के गीत,
मैं विद्रोही, मेरे आगे
झलक रही मेरी जंजीर।
बड़े गौर से देख रहा है
यह मेरे अंचल का दीप!

यह कली गजब ढा रही आज

(नववसन्त)

मेरी खिड़की से मन्द-मन्द
प्रात: समीर आ रही आज!
दोपहर रात से ही जगकर
कोयल मंगल गा रही आज!

गर्मी वर्षा से भीग चली,
पावस बादल के साथ गया!
कन्धों पर पीले पात धरे
अब ठंडी भी जा रही आज

पतझड़ से खिन्न हुआ था मन,
आई थीं भीग-भीग आँखें!
ठंडी बयार झोंके दे-दे
दुखिया को समझा रही आज!

आया वसन्त मच गई धूम,
सज गई प्रकृति की रंगभूमि!
हैं खिले फूल तो फूल, किंतु
यह कली गजब ढा रही आज!

भौंरे गाते हैं प्रेम-गीत,
तितली करती है प्रेम-नृत्य!
जो बसी हमारी आँखों में
वह प्रीति रंग ला रही आज!

वन का निर्झर चंचल होकर
क्यारी-क्यारी कुछ खोज रहा!
अपना घूँघट-पट खोल प्रकृति
डालों से मुस्का रही आज!

हर रंग नया हर ढंग नया,
जीवन की मधुर उमंग नई!
आया वसन्त सुषमा उसकी
घर-घर वन-वन छा रही आज!

इस रिमझिम में चाँद हँसा है

(दार्जिलिंग की बूँदा-बूँदी)

(1)

खिड़की खोल जगत को देखो,
बाहर-भीतर घनावरण है,
शीतल है वातास, द्रवित है
दिशा, छटा यह निरावरण है;
मेघ-यान चल रहे झूम कर
शैल-शिखर पर प्रथम चरण है!
बूँद-बूँद बन छहर रहा वह
जीवन का जो जन्म-मरण है!
जो सागर के अतल-वितल में
गर्जन-तर्जन है, हलचल है;
वही ज्वार है उठा यहाँ पर
शिखर-शिखर में चहल-पहल है!

(2)

फुहियों में पत्तियाँ नहाईं
आज पाँव तक भीगे तरुवर,

उछल शिखर से शिखर पवन भी
झूल रहा तरु की बाँहों पर;
निद्रा भंग, दामिनी चौंकी,
झलक उठे अभिराम सरोवर,
घर के, वन के अगल-बगल से
छलक पड़े जल-स्रोत मचल कर!

हेर रहे छवि श्यामल घन ये
पावस के दिन सुधा पिला कर;
जगा रहा है जड़ को चेतन
जग-जीवन में बुला-जिला कर!

(3)

जागो मेरे प्राण, विश्व की
छटा निहारो, भोर हुई है,
नभ के नीचे मोती चुन-चुन
नन्ही दूब किशोर हुई है;
प्रेम-नेम-मतवाली सरिता
क्रम की और कठोर हुई है,
फूट-फूट बूँदों से श्यामा
रिमझिम चारों ओर हुई है।

निर्झर, झर-झर मंगल गाओ,
आज गर्जना घोर हुई है;
छवि की उमड़-घुमड़ में कवि की
तृषित मानसी मोर हुई है!

(4)

दूर-दूर से आते हैं घन
लिपट शैल में छा जाते हैं,
मानव की ध्वनि सुनकर पल में
गली-गली में मँडराते हैं;
जग से मधुर पुरातन परिचय,
श्याम घरों में घुस आते हैं,
है ऐसी ही कथा मनोहर,
उन्हें देख गिरिवर गाते हैं!
ममता का यह भीगा अंचल
हम जग में फिर कब पाते हैं;
अश्रु छोड़ मानस को समझा,
इसीलिए विरही गाते हैं!

(5)

सुख-दुख के मृदु-कटु अनुभव को
उठो हृदय, फुहियों से धो लो,
तुम्हें बुलाने आया सावन,
चलो-चलो, अब बन्धन खोलो;
पवन चला, पथ में हैं नदियाँ,
उछल साथ में तुम भी हो लो,
प्रेम-पर्व में जगा पपीहा,
तुम कल्याणी वाणी बोलो!

आज दिवस कलरव बन आया,
केलि बनी यह खड़ी निशा है;
हेर-हेर अनुपम बूँदों को
जगी झड़ी में दिशा-दिशा है!

(6)

बूँद-बूँद बन उतर रही है
यह मेरी कल्पना मनोहर,
घटा नहीं, प्रेमी मानस में
प्रेम बस रहा उमड़-घुमड़ कर,
भ्रान्ति-भ्रान्ति, यह नहीं दामिनी,
याद हुईं बातें अवसर पर,
तर्जन नहीं आज गूँजा है
जड़ जग का गूँगा अभ्यन्तर!
इतने ऊँचे शैल-शिखर पर
कब से मूसलधार झड़ी है;
सूखे वसन, हिया भीगा है,
इसकी चिन्ता हमें पड़ी है!

(7)

बोल सरोवर, इस पावस में,
आज तुम्हारा कवि क्या गाए,
कह दे श्रृंग, सरस रुचि अपनी,
निर्झर यह क्या तान सुनाए;

बाँह उठाकर मिलो शाल, ये
दूर देश से झोंके आए,
रही झड़ी की बात, कठिन यह,
कौन हठीली को समझाए!
अजब शोख यह बूँदा-बूँदी,
पत्तों में घनश्याम बसा है;
झाँकें इन बूँदों से तारे,
इस रिमझिम में चाँद हँसा है!

(४)

जिय कहता है मचल-मचल कर,
अपना बेड़ा पार करेंगे,
हिय कहता है, जागो लोचन,
पत्थर को भी प्यार करेंगे;
समझ लिया संकेत 'धनुष' का,
ऐसा जग तैयार करेंगे,
जीवन सकल बना कर पावस,
पावस में रसधार करेंगे!
यही कठौती गंगा होगी,
सदा सुधा-संचार करेंगे;
गर्जन-तर्जन की स्मृति में हम
यदा-कदा संहार करेंगे।

लहरें हैं, बह-बह जाएँगी

लहराता है जीवन-सागर,
मन्थर मेरी नाव बह रही!
सागर की चंचल लहरों पर
दुनिया मेरी आज रह रही!
कितना मधुर हुआ करता है
जीवन में यौवन का अनुभव;
देखे हैं सपने अति सुन्दर,
किन्तु नियति कुछ और कह रही!
आया, बिखर गया मेघों-सा
मन का चित्र नयन के आगे;
झंझावात चला है देखो,
वह बालू की भीत ढह रही!
लहरें हैं, बह-बह जाएँगी,
मेरा बेड़ा पार लगेगा;
मेरी मति दुनिया में इतना
सुख-दुख यों ही नहीं सह रही!

पावस ने अंजलि उड़ेल दी

(मालव में पावस)

पवन चला, शाखाएँ झूलीं,
रोमांचित तरु का जीवन!
देश हरा है जग निखरा है,
घिर-घिर रहे सुरीले घन!

पावस मास हृदय सुधि भूले,
उचक-उचककर चम्पा फूले;
नन्ही दूब हो गई ऊँची,
मेहँदी खड़ी-खड़ी तन छूले!

मालव की इस हरियाली में
जो खोजो सो पाओ प्रिय!
विभा निहारो इस जल-थल की,
अविरल जल में गाओ प्रिय!

जग की रिमझिम है इस छत पर,
प्रेमी मन नर्तन को तत्पर;
पावस ने अंजलि उड़ेल दी,
भीग गईं आँखें स्वागत कर!

इन्द्रधनुष है खड़ा मेघ में,
अबकी चाँप चढ़ाओ तुम!
छेड़ रहीं ये फुहियाँ कब से,
स्नेही, बाँह बढ़ाओ तुम!

बादल फटे, घड़ी न शयन की
अब बेला है कुसुम-चयन की;
क्यारी-क्यारी छिपे रहो मन,
चमक रही है ज्योति नयन की!

श्वेत गुलाब न जी को भाया,
प्राण जुही से मिल झूले!
विस्मय है, प्रस्तर-समाधि पर
फूल यहाँ किस दिन फूले!

यह करील है एक अभागा,
बाँधो गले प्रेम का धागा;
स्नेह-लता का पाँव लग गया,
जीवन जगा, मरण भी जागा!

अनुकम्पा उमड़ी है ऐसी,
आँगन में टप-टप बूँदें!
पीछे रोना-गाना आओ,
दोनों हृदय नयन मूँदें!

मैं चोरी-चोरी आता हूँ

छिप सकती है मेरी ममता,
छिप सकते हैं मेरे विचार!
पर कब तक यों यह बात छिपे,
मैं आता-जाता बार-बार!
इस पार रहा डेरा मेरा,
उस पार पिया का प्रेम-नगर,
पहले से देखी-भाली हैं
उस प्रेम-नगर की डगर-डगर:
मैं चोरी-चोरी जाता हूँ,
मैं चोरी-चोरी आता हूँ,
कुछ समझ नहीं पाता कोई,
मैं किसको फूल चढ़ता हूँ!
मेरी श्रद्धा से मिट जाता
मन का, जीवन का, अन्धकार!
पथ मुझको मेरा अश्रु-दीप
दिखलाता जाता बार-बार!

ज्यों उसकी रीति अनोखी है
त्यों मेरा प्रेम अनूठा है,
कैसे कह दूँ—मैं सच्चा हूँ,
कैसे कह दूँ—वह झूठा है;
सच-झूठ उसे जाकर पूछो,
मैं प्रेमी हूँ, वह ज्ञानी है
उन आँखों में है ज्योति भरी,
इन आँखों में बस पानी है!
मैं मिट्टी ज्यादा-से-ज्यादा
वह कम-से-कम वैभव अपार!
गुण उसका गीत बना अपना
मैं गाता-जाता बार-बार!

मानूँ—मन का आराध्य देव,
जानूँ—काँटों की राह अगम,
मैं पहचानूँ—अपना प्रियतम,
या रसमय प्रेम-तान पंचम;
मैं देखूँ—उमड़े हुए मेघ,
मैं समझूँ—रुँधी हुई बोली,
मैं सोचूँ—कब भर जाएगी
यह मेरे जीवन की झोली!
कोई बिखेरता तारों का
हर रोज निशा में रत्नहार!
मेरे मानस का राजहंस
है चुगता जाता बार-बार!

घूँघट के पट से छनी हुई

निस्पन्द हमारे जीवन में
सहसा अमन्द रसधार बही!
इस पार और उस पार सखे,
उठकर तरंग है बहा रही!

रसधार सुकोमल काया की,
रसधार सुशीतल छाया की;
रसधार हमारी आँखों में
बस रही मोहिनी माया की!

देखो तो प्याली-प्याली में
यह कौन सुरा है भरी गई!
सामने हमारी आँखों के
तस्वीर भला क्यों धरी गई!

मैं इसका सार समझता हूँ,
मैं भी संसार समझता हूँ;
जो प्राणों-प्राण बहा करती
मैं वह रसधार समझता हूँ!

रसधार मिलन-क्षण पर ऊँचे
उठने वाले इन ज्वारों की!

रसधार डूब जाने वाले
क्षण-भर में कूल-किनारों की!
रसधार सरल मनुहारों की,
रसधार फूल की मारों की;
रसधार गूँज उठने वाली
मंजुल पायल—झनकारों की!
रसधार तुरत ही खुल जाने
वाले लघु मान-गुमानों की!
रसधार अधर के कोनों में
प्रतिबिम्बित मृदु मुस्कानों की!
ममता की मृदुल हिलोरों की,
हठ की मंजुल झकझोरों की,
रसधार घाव पर बँध जाने
वाली आँचल की छोरों की!
रसधार वेणियों पर उलझे
चम्पा के मुकुलित फूलों की!
रसधार खिसक जानेवाली
घूँघट की, मुक्त दुकूलों की!
रसधार मधुर अभिलाषा की,
रसधार सुनहली आशा की;
धरती पर अनियम लिखी हुई
पैरों के नख की भाषा की।
रसधार सँवर उठनेवाले
अभिराम-मनोहर रूपों की!
रसधार संकुचित सहज-सरल,
कुछ झेंपे हुए स्वरूपों की!

रसधार प्रीति-आभरण की,
उर में प्रतिध्वनित चरणों की;
घूँघट के पट से छनी हुई
मुख-चन्द्र विमल की किरणों की!

रसाधार पुराने पात्रों पर
रह-रहकर आज बिछलती है!
मधुधार धार पर बँधे हुए
बाँधों पर आज उछलती है!

रस उमड़ रहा है पल-पल में,
हँसने-गाने की हलचल में;
गुदगुदा हृदय देनेवाली
मृदु स्नेह-समस्या के हल में!

अनुभूति यही है क्षण-क्षण की,
यौवन उमंग का वाहन है।
अनुकूल स्नेह की धारा में
बस साथ-साथ अवगाहन है!

इस अनन्त में चुप बैठा हूँ

पौ फटते ही बड़े सबेरे
किरण चूमकर चला हुआ हूँ,
ज्योति-पुत्र हूँ, हाँ ऐसा सच
है कि तिमिर में पला हुआ हूँ;
बना हुआ हूँ मैं समाधि-सा,
नयन-नीर-सा ढला हुआ हूँ,
लाया ज्वाल कहीं से यौवन,
इसी ज्वाल में जला हुआ हूँ!

इस अनन्त में चुप बैठा हूँ,
यों नहीं कि उम्मीद नहीं है!
सच तो यह है, बहुत दिनों से
इन आँखों में नींद नहीं है।

हूँ कृतार्थ मैं, जग में मैंने
मधुर प्रेमरस पान किया है,
इसी प्रेम में आँख खोलकर
जीवन का अनुमान किया है;
बस यह है जो कुछ भी अब तक
मैंने अनुसन्धान किया है,

पिय ने जीवन-दान दिया है,
मैंने बस गुण-गान किया है!
दुनिया की आँखों में आकर
दिल हूँ, दिल की एक लगन हूँ!
जड़ हूँ तो चुपचाप खड़ा हूँ,
चेतन हूँ तो प्रेम-मगन हूँ!

जहाँ आज गा रहे विहग मैं
उन बाँहों पर झूल गया हूँ,
जहाँ चमेली विहँस रही है
उस निकुंज में फूल गया हूँ;
मैंने गंगा-तट देखा है,
मैं कालिन्दी-कूल गया हूँ
तट पर नहा, रेत में चलकर
मैं अपनी सुधि भूल गया हूँ!
भवसागर में मेरी तरणी
सौ-सौ लहरें झेल रही है!
किरण एक, मुसकान एक, इस
तिमिर-सिन्धु में खेल रही है!

सरस वसन्त बुला लाया मैं

बीन लिए था जग, तारों को
हँसके मिला दिया मैंने!

दुर्दिन देख दुखी होते थे,
पड़े-पड़े जीवन खोते थे;
पतझड़ थी, संहार मचा था,
बड़े-बड़े घुल-घुल रोते थे।

सरस वसन्त बुला लाया मैं,
यौवन दिला दिया मैंने!

बाहर देखा, कमल खिले हैं,
पंखुड़ियों पर मधुप हिले हैं;
देखा, फूलों-पत्तों को भी
प्यार और शृंगार मिले हैं!

हम भी तो हों प्रेमी—कहके
मानस खिला दिया मैंने!

थके हुओं को प्यास लगी थी,
जल की कहीं सुवास लगी थी;
मेरे पास दौड़ आए थे,
दो बूँदों की आस लगी थी!

मेरी अंजलि में आँसू था,
बढ़ के पिला दिया मैंने!

कोई मन्दिर को जाता था,
कोई मन्दिर से आता था;
कोई अभी बना था योगी,
घर-घर से भिक्षा लाता था!

डालों पर पीले पत्ते थे,
उनको हिला दिया मैंने!

मैं प्रेमी हूँ, गुण गाता हूँ,
प्रेम-विरह को अपनाता हूँ;
सुध है अपनी, बुध है अपनी,
अपनी राह चला जाता हूँ!

लेकिन कहते हैं, आकर के
जग को जिला दिया मैंने!

गाए जा, रंग लाये जा

घेरा एक बनाए जा रे,
पद-घुँघरू झनकाए जा!
नाच-नाचकर अलमस्ती में,
गाए जा, रंग लाये जा!

दुनिया क्या है—एक तमाशा
नाचे-गाए जाने का,
जीवन क्या है—एक बगीचा
पेड़ लगाए जाने का;
यौवन क्या है—एक नाम बस
धुनी जगाए जाने का,
छन-छन क्या है—एक काम बस
भस्म रमाए जाने का!

धुनी जगा ले, भस्म रमा ले,
अपनी छवि दिखलाए जा!
नाच-नाचकर अलमस्ती में
गाए जा, रंग लाये जा!

साथी हैं, प्यारे भाई हैं,
सब कोई मिल जाते हैं,

एक डाल के पत्तों-जैसे
सुख-दुख में हिल जाते हैं;
कोई दौलत दे जाते हैं,
कोई ले दिल जाते हैं,
कोई ऐसे हैं जो थोड़ी
झाँकी से खिल जाते हैं!

तू भी हिल तू भी खिल भाई,
दुनिया को समझाए जा!
नाच-नाचकर अलमस्ती में
गाए जा, रंग लाये जा!

पत्थर कहता है—ऐ राही,
रोए जा, चिल्लाए जा,
तारे कहते हैं—ऐ दुखिया,
तू आँसू ढुलकाए जा;
तरुवर कहता है—ऐ मानव,
तू झोली फैलाए जा,
योगी कहते हैं—ये मूरख,
पिय से नेह लगाए जा!

रो ले मोती चमकाए जा;
हँस ले फूल खिलाए जा!
नाच-नाचकर अलमस्ती में
गाए जा, रंग लाये जा!

दो बूँद

मोती-सी आज चमकती हैं।
दो बूँद तुम्हारी आँखों में!

उस बार देखकर समझा था,
बस तुम्हें समझना मुश्किल है,
इस ओर हमारी मंज़िल है;
उस ओर तुम्हारी महफिल है;
इस बार तुम्हें देखा मैंने,
दिलदार, तुम्हारा भी दिल है!

मोती-सी आज चमकती हैं
दो बूँद तुम्हारी आँखों में!

तदबीर नहीं तुमने जानी,
तकदीर बड़ी तुमने मानी,
तुमने भी अपनी दुनिया अब
अपने ही ढंग से पहचानी;
भर लाये अपनी आँखों में
मुश्किल से थोड़ा-सा पानी!

तारों-सी आज झलकती हैं
दो बूँद तुम्हारी आँखों में!

तुम इस दुनिया को क्या जानो,
हो रहीं अभी आँखें गीली,
ज़िन्दगी यहाँ की क्या समझो
तितलियाँ उड़ा नीली-पीली;
देखी न कभी होगी तुमने
सँकरी पगडंडी पथरीली!
इसलिए दिखाई देती हैं
दो बूँद तुम्हारी आँखों में!

खेतों की चादर हरी-हरी

हर रोज प्रेम की चर्चा है,
हर घड़ी प्यार की मची धूम!
होती है बर्फ पहाड़ों में,
रेतों में जल का सोता है!
पत्थर पर पौधे लगते हैं,
सीपी में मोती होता है!
दुनिया के बाग-बगीचे सब
हम देख रहे हैं घूम-घूम!
हर रोज प्रेम की चर्चा है,
हर घड़ी प्यार की मची धूम!

सागर है तो हम तीर-तीर,
सरिता है तो हम कूल-कूल!
खेतों की चादर हरी-हरी,
बागों की गोदी फूल-फूल!
चलते काँटों को बीन-बीन,
फिरते धूलों को चूम-चूम

हर रोज प्रेम की चर्चा है,
हर घड़ी प्यार की मची धूम!

निर्झर प्रेमी-सा गाता है,
बादल चिड़ियों-से उड़ते हैं!
यह हवा जिधर बह जाती है
ये पेड़ उधर ही मुड़ते हैं!
जग में दो दिन तो जीना है,
पर यह जीना भी झूम-झूम!
हर रोज प्रेम की चर्चा है,
हर घड़ी प्यार की मची धूम!

इस तरह उचककर तुम न डरो

(गीत)

रोकर मेरे निर्बल मन को
ऐसे न द्रवित कर दिया करो!
मानो तुम, खारे पानी से
यह विमल चन्द्र-आनन न भरो।
हिचकियाँ तुम्हारी झटके से
मेरे जीवन को हिला रहीं!
बस करो प्राण, इस तरह आज
मेरे आगे तुम मत बिखरो!
बहकर तो गंगा-यमुना भी
अब तक जग में न समाप्त हुईं;
इसलिए पिघलकर बह-बहकर
मेरी निधि, तुम यों मत निखरो!
मैं शक्ति तुम्हीं से पाता हूँ
नव ज्योति तुम्हीं से मिलती है;
दुर्दिन में मेरे आँसू से
इस तरह उचककर तुम न डरो!

अब आँचल से आँसू पोंछो
रोना छोड़ो, खिल उठो प्राण।
मैं व्यथा तुम्हारी अपना लूँ,
तुम मेरा कुछ सन्ताप हरो!

यह हृदय नियति का बदल जाय

जीवन की रसमय चर्चा में
कुछ समय शान्ति से निकल जाय!
अपराजित पर उद्‌भ्रान्त तनिक
मेरा मन कुछ तो बहल जाय!
संसार-वृत्ति है कठिन कर्म,
कोमल मानव का सरल मर्म;
सुख में थोड़ा दुख पाते ही
मति मानव की हो विकल जाय!
सब खोज रहे हैं आदि-अन्त,
पर जीवन का कौतुक अनन्त;
पल में वसन्त, पल में पतझड़,
यह हृदय अचानक बदल जाय!
सुख बतला दुख देता कोई
दुख दिखला सुख देता कोई;
जब धूप लगे छिप जाय कहीं,
जब चाँद उगे मन मचल जाय!
जग सरस सुधा का इच्छुक है,
वह मधुर प्रेम का भिक्षुक है;

पर उसकी प्याली में उड़ेल
दिन-रात कौन यह गरल जाय!
मानव आशा में जीता है
अपने आँसू खुद पीता है,
विश्वास उसे है, कभी कहीं
यह हृदय नियति का बदल जाय!
जीवन की रसमय चर्चा में
कुछ समय शान्ति से निकल जाय!

दबे पाँव तुम आईं रानी

आधी दुनिया मैं हूँ, आधी
तुम हो मेरी रानी!
तुमने हमने मिलकर कर दी
पूरी एक कहानी!

तुम निर्झर के मृदु कलकल-सी,
आँसू-सी तुम छल-छल!
मेरी अनुपम प्रेम-मूर्ति तुम
सुन्दर-सुन्दर उज्ज्वल!

तुम आईं, शशि पर बादल-सी,
मुख पर घूँघट डाले!
डब-डब आँखों में, यौवन के
सुन्दर स्वप्न सँभाले!

अभिलाषा, सौन्दर्य, शील से
जीवन-थाल सजाए—
जब तुम आई थीं तब रानी,
मेरे नयन लजाए!

सजनि, प्रीति की रीति निभाने
उस दिन जब आई थीं!
आँचल में वरदानों-जैसे
क्या-क्या भर लाई थीं!

दबे पाँव तुम आईं रानी,
बिना वचन कुछ बोले!
आकर द्वार हृदय के तुमने
आहिस्ते से खोले!

तब प्रात: की प्रथम किरण-सी
लगती थीं तुम झिलमिल!
लज्जा में संकोचों में ही
सजनि, गईं तुम हिलमिल!

मैं चंचल पश्चिमी पवन-सा,
व्याकुल जलधारों-सा!
उत्साहित मेघों-सा, झंकृत
वीणा के तारों-सा!

जैसे खोजे लहर लहर को,
प्रेमी मधुप कुसुम को!
वैसे खोज रहा था मैं भी
घर-घर वन-वन तुमको!

तुम ऐसे मिल गईं कि जैसे
हो तुम पहचानी-सी!
लगती थीं तुम प्यारी-प्यारी
अपनी नादानी-सी!

तुमने हमने मिलकर जग में
अपने बाग लगाए!
जीवन-मन्दिर में दोनों ने
यौवन-राग जगाए!
मन के भीतर मुझे छिपाए,
बाहर पर्दा डाले!
तुमने अपने प्रेम-नेम भी
खूब निराले पाले!

मैं विद्युत् में तुम्हें निहारूँ

आज अधीर कपोत बना हूँ,
नील गगन में पंख पसारूँ;
दुख है, तुमसे बिछुड़ गया हूँ,
किन्तु तुम्हारी सुधि न बिसारूँ!
उलझन में दुख में वियोग में
अब तुम याद बहुत आती हो;
घनी घटा में तुमको खोजूँ,
मैं विद्युत् में तुम्हें निहारूँ!
जब से बिछुड़े हैं हम दोनों
मति-गति मेरी बदल गई है;
पावस में, हिम में वसन्त में
हँसते-रोते तुम्हें पुकारूँ!
जब तक मन-मन्दिर में मेरे
होती रहे तुम्हारी पग-ध्वनि;
तब तक उत्साहित हूँ, बाजी
इस जीवन की कभी न हारूँ!

तुम हो दूर, दूर हूँ मैं भी,
जीने की यह रीति निकालें;
तुम प्रेमी हो—प्रेम पसारो,
मैं प्रेमी हूँ—जीवन वारूँ!

विदा होनेवाले से

अतिथि, हमारे मधुर प्रेम के
ये फल-फूल लिये जाओ!

(1)

प्रकृति-सुन्दरी की ममता में
पले हुए फल-फूल,
मलयानिल ने आँचल से है
पोंछी इनकी धूल;
आ-आकर भर गए मधुर रस
पावस, शिशिर, वसन्त,
रवि-किरणों ने रंग दिये हैं
पीले-लाल दुकूल!
इनके साथ हमारी श्रद्धा
तुम स्वीकार किये जाओ!
अतिथि, हमारे मधुर प्रेम के
ये फल-फूल लिये जाओ।

(2)

मिलन-वियोग सदा के साथी,
हर्ष और परिताप,
एक मधुर वरदान और है
एक कठिन अभिशाप;
मिलन हुआ करता जीवन में
गत जन्मों का पुण्य,
और वियोग हुआ करता है
इसी जन्म का पाप!
सखे, हमारे सरल स्नेह को
जीवनदान दिये जाओ।
अतिथि, हमारे मधुर प्रेम के
ये फल-फूल लिये जाओ!

(3)

होता मिलन सुखी होते हैं
तब कृतार्थ ये प्राण,
हो जाती है सफल तपस्या,
मिल जाता है त्राण;
पर हो जाता है वियोग जब
कठिन करुण गम्भीर,
चुभ जाते हैं अन्तस्तल में
कटु बिछोह के बाण!

सह लेंगे हम पीर, मिलन की
युग-युग याद किये जाओ!
अतिथि, हमारे मधुर प्रेम के
ये फल-फूल लिये जाओ!

(4)

जीवन की हलचल में शामिल
होगे तुम उस ओर
इधर लिये प्रेमाश्रु प्रतीक्षित
होंगे हम इस ओर;
हमें यहाँ रख तुम्हें नियति अब
ले जाएगी दूर,
किन्तु रहेगी बाँधे हमको
प्रेम-नेम की डोर!
इस डोरी का एक छोर अब
अपने साथ लिये जाओ!
अतिथि, हमारे मधुर प्रेम के
ये फल-फूल लिये जाओ!

(5)

तुम देखो आकाश-दीप, हम
देखेंगे नक्षत्र,
अतिथि, तुम्हारे सिर पर डोलेगा
मंगल का छत्र,

तुम जग में सर्वत्र सुनोगे
मधुर मिलन-आह्वान,
यहाँ हमारे लिए करेंगे
मर्मर तरु के पत्र!
आज विदा है, मधुर मिलन की
जीवन-सुधा पिये जाओ!
आज विदा है, प्रेम-मिलन का
मधु-रस पान किये जाओ!
अतिथि, हमारे मधुर प्रेम के
ये फल-फूल लिये जाओ!

उग आए गगन में वही चाँद

हो उठा हृदय है आज गहन
अलि, गूँज रहा गम्भीर नाद!
जीवन आधा हो रहा हर्ष,
आधा जीवन बनता विषाद!

बज रही बाँसुरी प्रेम-मधुर,
हो रहा विरह भी यथासमय;
आनन्द बना उन्माद आज,
हो रहा शोक मेरा प्रमाद!

संसार वही, दिन-रात वही,
रोने-गाने के खेल वही;
पर बिछुड़ गए संगी-साथी,
बस अब उनकी रह रही याद!

डरता न तिमिर से मैं कुछ भी,
कुछ भीति नहीं है बादल से;
बस प्रीति रही जिससे मेरी
उग आए गगन में वही चाँद!

मेरा सिर क्यों झुक जाता है

लेकर भी इतना गर्व-मान
मेरा सिर क्यों झुक जाता है?
मैं आँखों में सम-भाव लिये
चहुँ ओर देखता फिरता हूँ;
पर देख किसी सुन्दर को क्यों
कुछ देर नयन रुक जाता है?
करता रहता हूँ मैं चिन्तन
करता रहता हूँ मैं निश्चय;
प्रिय के सम्मुख होते ही क्यों
सारा साहस चुक जाता है?

गंगा-किनारे

कुछ देर यहाँ दिल जमता है,
कुछ देर तबीयत लगती है!

आँखों का पानी गरम समझ
यह दुनिया आँसू कहती है,
हर सुबह-शाम को घासों पर
फिर ओस नरम पड़ रहती है;
लहरों में आँसू-ओस लिये
वैसे ही गंगा बहती है।
कुछ देर यहाँ दिल जमता है,
कुछ देर तबीयत लगती है।

उठकर पश्चिम से आती है,
चलकर पूरब को जाती है,
अपनी धुन में चल पड़ती है,
अपनी धुन में कुछ गाती है;
पर्वत का देश दिखाती है,
सागर की राह बताती है!
कुछ देर यहाँ दिल जमता है,
कुछ देर तबीयत लगती है!

कोई कपड़े ही धोते हैं,
कोई दिल खोल नहाते हैं,
कोई अपनी दिलचस्पी से
कागज की नाव बहाते हैं;
दीवाने बैठे एक बगल
ऊँची तानों से गाते हैं!

कुछ देर यहाँ दिल जमता है,
कुछ देर तबीयत लगती है!

आकर माझी अपना बेड़ा
उस पार चढ़ा ले जाता है,
किस्मत में जो आ जाते हैं
उस पार चढ़ा ले जाता है
पतवार चला ले जाता है,
वह पाल उड़ा ले जाता है!

कुछ देर यहाँ दिल जमता है,
कुछ देर तबीयत लगती है!

छूकर गंगा की लहरों को
जब ठंडे झोंके आते हैं,
हम मस्त-मगन हो जाते हैं,
दिल भर के झोंके खाते हैं;
दुनिया सपना-सी लगती है,
सपनों में हम खो जाते हैं!

कुछ देर यहाँ दिल जमता है,
कुछ देर तबीयत लगती है!

लहरों पर लहरें चढ़ती हैं,
पानी पर पानी चढ़ता है,
इन कूल-किनारों को छूकर
यह मजमा आगे बढ़ता है
हम तीरों पर रह जाते हैं,
दिल को समझाना पड़ता है!
कुछ देर यहाँ दिल जमता है,
कुछ देर तबीयत लगती है!

इस वक्त मचा है शोर बहुत,
दुनिया में आँधी आई है,
अपना-अपना बस मतलब है;
मतलब ने आग लगाई है;
मतलब की मगर नहीं गंगा,
इस पर अलमस्ती छाई है!
कुछ देर यहाँ दिल जमता है,
कुछ देर तबीयत लगती है!

हैं कहीं झंडियाँ मजहब की,
लगते फिर्कों के नारे हैं,
कोई फिर्कों के प्यारे हैं,
कोई मजहब के मारे हैं;
लेकिन इस गंगा के दिल में
सूरज है, चाँद-सितारे हैं!
कुछ देर यहाँ दिल जमता है,
कुछ देर तबीयत लगती है!

हर रोज चिताएँ सजती हैं,
हर रोज मुसाफिर आते हैं,
दुनियावाले रोते-रोते
दुनिया पर आग लगाते हैं;
गंगा को थोड़ी भस्म चढ़ा
फिर वे वापस हो जाते हैं!
कुछ देर यहाँ दिल जमता है,
कुछ देर तबीयत लगती है!

कुछ देर ठहर मेरे माझी,
जल्दी मत पाल उड़ा ले जा,
ऐसी तुझको क्या जल्दी है
जो जल्दी हमें चढ़ा ले जा;
ले जाना ही है तुझको तो
तू खाली नाव बढ़ा ले जा!
कुछ देर यहाँ दिल जमता है,
कुछ देर तबीयत लगती है!

वह आत्मसाधना भंग हुई

आश्चर्य बहुत होता है, मैं
किसलिए आज उद्विग्न हुआ?
जीवन में ऐसा परिवर्तन
कैसे सहसा निर्विघ्न हुआ?

गा रहा गीत था यौवन के,
बैठे निकुंज में जीवन के;
सामने वहीं आ बैठी थीं
सुन्दरता-सुषमा बन-ठन के!
कुछ दूर किसी के क्रन्दन से
मेरे कलरव में विघ्न हुआ!
वह आत्मसाधना भंग हुई,
उल्लास हृदय का भग्न हुआ!

संगीत मधुर वह बन्द हुआ,
उन्माद प्रेम का मन्द हुआ;
उस रंगभूमि में जीवन की,
सुख-दुख का अप्रिय द्वन्द्व हुआ!

था द्वन्द्व न वह रुकनेवाला
मैं उलझ-उलझ संलग्न हुआ!
बढ़ती आई चिन्ता-धारा,
उसमें आकंठ निमग्न हुआ?

अब फिर वे दिन कब आएँगे,
जब घाव सभी भर जाएँगे;
ये थके प्राण आश्रय अपना
जब उसी कुंज में पाएँगे?
मन मेरा खाकर चोट आज
क्षण-भर में चिन्तामग्न हुआ!
आश्चर्य बहुत होता है वह
इस भाँति आज उद्विग्न हुआ!

यौवन क्या, धूलों की आँधी

छिड़ा प्रसंग मधुर रणांगण में,
सैनिक क्षणभर गाएगा!
संघर्षों में, संहारों में,
गायन-पर्व मनाएगा!

अस्त्र-शस्त्र के इस झनझन में
बैठा सैनिक गाने को,
आलिंगन का पाश बढ़ाओ,
कह दो आग लगाने को;
जीवन क्या, कौतुक का घेरा
जहाँ 'अहम्' आकर खेले,
यौवन क्या, धूलों की आँधी
सूखे पात उड़ाने को!

ज्वाला है इस हाड़-मांस में,
सूतों में चिनगारी है!
विप्लव के दो दूत चल पड़े—
पथ में नर है, नारी है!

गाया नहीं, नहीं मधु-मुरली,
बन्धु, स्नेह का भार नहीं,

जला-भुना यह जीव, प्रीति अब
करने को तैयार नहीं;
कुमुदों में छिप गया सबेरा,
चमचम किरणें चमक गईं,
अब जग की प्रज्वलित चिता में
आँसू का सम्भार नहीं!

चाह मरी है, दाह जगी है,
मति का कहीं ठिकाना है!
अंजन नहीं, बवंडर से ही
अपना रूप बनाना है!

ममता कहती है—जीवन में
कभी किसी से द्रोह न कर,
अवसर कहता है—श्रमजीवी,
सँभल-सँभल, फिर मोह न कर;
दो दिन की इस मुसाफिरी में
वे बादल के बादल हैं,
सब कुछ त्याग, कमर की अपनी
असि से आज बिछोह न कर!

इन कदमों का जमकर पड़ना
सच है सच, कल्पना नहीं!
ध्वंसों का खेला विद्रोही
सुहृद आज तक बना नहीं!

मलय नहीं, न गुलाबी खुशबू,
उड़ो धूम्र के यानों में,
जी जलता है बैठे-बैठे

वन के लता—वितानों में;
मोती-सी यह ओस सुबह की
आज हथेली में सूखी,
दो पद का यह ब्रह्म-उपासक
रमा शस्त्र-सन्धानों में!

है प्रसंग ऐसा, फूसों में
अग्नि प्रज्वलित किया करूँ!
आज कफ़न पर चिनगारी-सा
सुलग-सुलगकर जिया करूँ!

देख रहे हैं महल तमाशा

बारम्बार हँसा-रोया है,
मानव ने सुख-दुख पाया है!
गिरकर उठकर चलकर उसने
जीवन का अनुभव गाया है!

कभी रहा होगा वह युग भी
इस मानव के जग-जीवन में,
वल्कल धारण कर निशिदिन वह
घूम रहा होगा वन-वन में;

निठुर नियति से कठिन प्रकृति से
सँभल-सँभल वह लड़ता होगा,

मरता होगा मिटता होगा
साध लिये होगा वह मन में!

जीत-जीतकर हारा होगा,
हार-हारकर जीता होगा!
अपनी जय में छक-छककर वह
मधुर सोमरस पीता होगा!

अपनी गुफा बनाता होगा
वह पहाड़ को खोद-खोदकर,

अपना वास बसाता होगा
तोड़-फोड़कर दुस्तर प्रस्तर;
टूटी होगी नींद रात को,
देखे होंगे चाँद-सितारे,
और जगी होगी मानस में
दुनिया की कल्पना मनोहर!
प्रातः उठकर चलता होगा
गिरि से नीचे उतर-उतरकर!
देते होंगे शरण सरोवर,
पथ दिखलाते होंगे निर्झर!

कभी रहा होगा वह युग भी
खुली जगह जब आया होगा,
जब मैदानों में, टीलों में
अपना गाँव बसाया होगा;
बाग-बगीचे सींचे होंगे,
शुरू हुई होगी खेती फिर,
प्रथम-प्रथम अपने जीवन में
मानव ने सुख पाया होगा!

और लड़ा होगा औरों से
अपना खून बहाया होगा!
विघ्न दूर कर युद्ध जीतकर
विजयी वीर कहाया होगा!
गढ़ी गई होंगी समाज में
शुभ विचार से नियम-नीति नव,
मढ़ी गई होंगी जीवन में
शुद्ध भाव से रूढ़ि-रीति नव;

कायम हुई सल्तनत होगी
जग-व्यापार बढ़ा होगा फिर,
और बढ़ी होंगी प्रान्तों में
देश-देश में प्रेम-प्रीति नव!
फिर मानव ने जन-सेवा में
अपनी लगन लगाई होगी!
बन्धु-भाव का पुष्प दिखाकर
जीवन-ज्योति जगाई होगी!
मगर बात यह है, यह मानव
बना जरा भीतर का निर्बल,
इच्छा इसकी कभी न पूरी
हुई यहाँ धन-वैभव के बल;
और माँगता और खोजता
और चाहता है जीवन-भर,
फिर भी इसके पास कुछ नहीं,
भूख-प्यास है बाकी केवल!
सुख है, पर संतोष नहीं है
इस पापी को जग-जीवन भर!
और कपट कर छीन-झपटकर
भरता रहता है अपना घर!
इसीलिए युग-युग तक जग में
बार-बार संघर्ष हुआ था,
मानव लड़ा मरा मानव ही,
कुटिल नियति को हर्ष हुआ था;
दुग्धधार के बदले वसुधा
रक्तधार से लाल हुई थी,

मानव की लाशों पर चढ़कर
मानव का उत्कर्ष हुआ था!
तरु-पल्लव की तरह काँपते
राजों के गौरव-सिंहासन!
ऋतु की तरह बदल जाता था
जगती में सबलों का शासन!
कंचन की महिमा अपार थी,
कहीं प्रेम का ही झगड़ा था,
कहीं लिये तलवार हाथ में
इनका-उनका धर्म खड़ा था;
स्वप्न हो रहा था जग का सुख
शान्ति जगत की मृत्यु बनी थी,
पंखकटे पंछी के ऐसा
पथ पर कहीं मनुष्य पड़ा था!
जोर कर रहे थे सब जालिम,
शोर कर रहे अत्याचारी!
खिन्न हो रही थी मानवता,
छिन्न-भिन्न थी दुनिया सारी।
इस कारण से बन्धु-भाव की
कच्ची डोरी टूट गई थी,
आई थी पापों की आँधी,
पुण्य विश्व का लूट गई थी;
दृष्टिकोण इकहरा हो गया
था मानव का, मदहोशों का,

दो आँखों में एक बची थी,
एक आँख बस फूट गई थी!

है इतिहास गवाह कि उससे
बेशुमार गलतियाँ हुई हैं!
और मुहब्बत हुई बहुत कम,
बहुत जबर्दस्तियाँ हुई हैं!

हाँ यह सच है, बीच-बीच में
एक-आध चमकी चिनगारी,
कुछ ऐसे भी हुए कि जिनसे
धन्य हुई है दुनिया सारी;

दे अपना बलिदान उन्होंने
जग की बिगड़ी बात बना दी,

उनके ही तप से जीवित है
यह उनकी ही दुनिया प्यारी!

ज्योति जगाता है उनका तप
उनकी बलि जीवन लाती है!
उनकी याद बराबर जग का
आगे कदम बढ़ा जाती है!

अब किस्सा यह है, दुनिया में
एक नया ही युग आया है,
अपने को जग में जीवन में
मानव ने लांछित पाया है;

वह मानव है पर गुलाम है,
वह उठता है पर बन्धन है,

जीवन की गर्मी में उस पर
आज गुलामी की छाया है!
तौक गुलामी का मानव पर
आज स्वयं मानव ने डाला!
मानव को उलझाने मानव
बुनता है मकड़ी का जाला!
मानव के ही द्वारा मानव
अघ में डाला आज गया है,
और गुलामी के साँचे में
बरबस ढाला आज गया है;
औरों की यह मदहोशी है
जो वह दुख में पाला जाता,
मानव के दरवाजे से ही
मानव टाला आज गया है!
नियम बनाए थे उसने ही
अपने ही हित में अति सुन्दर!
अहित कर रहे हैं अब वे ही खुद
उसकी गतिमति कुंठित कर!
वह दरिद्र है, वह नंगा है
इसी वजह से फर्क आ रहा,
जग-जीवन का भार वहन कर
भूखा-प्यासा चला जा रहा;
उसकी दुर्गति कुछ ऐसी है,
सिर्फ आह काफी न हमारी,

दुख तो यह है उसका साथी
पड़ा चैन से गीत गा रहा!
किया चाहता है वह खंडित
बद्ध शृंखला अपने मन की!
बद्ध शृंखला इस समाज की
बद्ध शृंखला इस जीवन की!
कहते हैं, यह युग नवीन है,
बहुत हो रही जग की उन्नति,
नई रोशनी फैल गई है,
नई हो गई है जग की मति;
ज्ञान बढ़ा विज्ञान चल रहा
अब जीवन की उन्नति करने,
नवयुग का सन्देश प्राप्त कर
बहुत प्रभावित है अब संसृति!
कहते हैं, सब सभ्य हो रहे,
सीख रहे हैं जीना सुख से?
अलग हो रहा है मानव का
जीवन अब जीवन के दुख से!
किन्तु परिस्थिति में अन्तर है,
वह आखिर है तो गुलाम ही,
सब कुछ मिट्टी कर देता है
एक हमारा पतित काम ही;
ऊँचे-ऊँचे महल और भी
ऊँचे हों आपत्ति नहीं कुछ,

किन्तु जरूरी है क्यों, उजड़ें
इन महलों के लिए ग्राम ही?
आज जल रही हैं झोंपड़ियाँ,
देख रहे हैं महल तमाशा!
उनकी हँसी और दिलचस्पी,
इनके आँसू और निराशा!
तत्त्व यही है, इस जीवन में
जीवन का अभिशाप गुलामी,
बड़े-बड़े सुख हों, हों, लेकिन
एक घोर सन्ताप गुलामी;
फिर चाहे वह बुरी गुलामी
मन की हो या जीवन की हो,
है गुलाम पापी दुनिया में,
दुनिया में है पाप गुलामी!
आज बनीं जंजीर-बेड़ियाँ
तरह-तरह की उसके गहने!
है कठोर आश्चर्य कि रुचि से
मानव इन गहनों को पहने!
और ज्ञान पानी है सब कुछ,
और सिद्धि इस समय व्यर्थ है,
स्वाधीनों के आज सामने
दासों का भला क्या अर्थ है;
बात मान लेते हैं हम भी,
सब कुछ कर सकता है मानव,

पर स्वतंत्र भी हुआ नहीं जो
क्या करने को वह समर्थ है?

देखो, सोचो, समझो, सँभलो,
मानव, अब न शिकार बनो तुम!
अच्छा नहीं, स्वयं अपना ही
जग में कारागार बनो तुम!

जागो अब नवयुग में मानव,
संघर्षों का एक अंग बन,
मानवता अगाध सागर है,
उमड़ो, लहराओ तरंग बन;

है पिछला इतिहास तुम्हारा
एक लड़ाई की गाथा ही,

फिर आई जिन्दगी तुम्हारी
अब दुनिया का जोर-जंग बन!

अपने साथ समस्त जगत का
मानव, अब उद्धार करो तुम!
छोड़ चले मझधार जिसे सब
उस बेड़े को पार करो तुम!

उठो तुम्हें जग में करना है
अब सुधार भी और क्रान्ति भी,
उठो तुम्हें फैला लेना है
प्रेमभाव भी और शान्ति भी;

वसुन्धरा अब बदल गई है
कलह-अग्नि से झुलस-झुलसकर,

उठो दूर करना है तुझको
जग-जीवन की अशान्ति भी!
जो जीवन अपमानित ही है
उसका भी क्या मोह करोगे,
रौंदे-कुचले आज जा रहे
फिर कब तुम विद्रोह बनोगे!
चलो दूर गाँवों-खेतों में,
गिरी झोंपड़ी सीधी कर दो,
चलो दूर शहरों-कस्बों में,
पुण्य भावना ला दो, भर दो;
यहाँ सुखी हैं थोड़े मानव,
ज्यादे मानव यहाँ दुखी हैं,
चलो दूर सुखियों को छोड़ो,
तुम दुखियों की पीड़ा हर दो!
ऐसी भी क्या सृष्टि कि जिसमें
जग-जीवन की गलत नींव हो?
ऐसी भी क्या दुनिया, जिसमें
जो पीड़क हो चिरंजीव हो?
बढ़ो, तुम्हारे बलिदानों से
मानव जरा उदार बनेगा,
बढ़ो, तुम्हारे इन कदमों पर
जीवन बारम्बार बनेगा!
दुनिया में न गुलामी होगी
मानव की मानव पर कायम,

बढ़ो, तुम्हारे संघर्षों से
एक नया संसार बसेगा;
बढ़ो, लगा दें आग चिता पर,
आज गुलामी को जलना है।
बढ़ो, गीत विप्लव का गाते,
थोड़ी दूर और चलना है।

हँस उठो तो प्राप्त है अलि

प्रेम हो मधुवन, हमारी
साधना वनवासिनी हो!
कुंज में बैठे हुए को
चाँदनी मृदुहासिनी हो!
शैल का वह बाल निर्झर
पत्थरों से खेलता है;
तुम उठो मेरी अमा
अब पूर्णिमा उल्लासिनी हो!
बादलों-सा दौड़ छाये
प्रेम-जीवन जब किसी का;
बूँद को कह दे मनोहर
विरति अश्रु-विलासिनी हो!
आग लेकर मैं चला हूँ
क्रन्दन-रुदन के बीच में;
साध है, यह ज्वाल मेरी
मुक्ति की उद्‌भासिनी हो!
हँस उठो तो प्रात है अलि,
रो पड़ो तो साँझ है;

हँस उठो, हँसते रहो, यह
वर विभा अविनाशिनी हो!
बोल दे मेरे हिया, अब
हम सदा जप-तप करेंगे;
आज हो जीवन विनोदी,
आज मृत्यु सुहासिनी हो!

प्राण निशिदिन झर रहे हैं

दिन-ब-दिन जो मिट रहे हैं
वे इशारा कर रहे हैं!

आँसुओं-सी उम्र-सी
दुनिया बराबर ढल रही है,
भावना-सी वायु-सी
दुनिया बराबर चल रही है;
आदमी उठकर खड़ा है,
राह अपनी देखता है,
रोशनी-सी प्रेम-सी
दुनिया बराबर जल रही है!
फूल-पातों-से हमारे
प्राण निशिदिन झर रहे हैं!

चाहता हूँ, आज मेरे
साथ कोई गीत गाए,
चाहता हूँ, इस हृदय में
प्रेम अपना घर बसाए;

एक युग से दर्द-सा मैं
विरह में उठता रहा हूँ,
चाहता हूँ, आज मेरा
कवि किसी को सर झुकाए!
है इसी की अब प्रतीक्षा,
अश्रु ये श्रम हर रहे हैं!

तरु-वृक्षों की पाँति घनी यह

(हिमालय)

जन्मभूमि यह धन्य हमारी,
प्रिय, इस पार हिमालय है।
छवि-दर्शन को पगडंडी है,
आश्रय को छाया ठंडी है;
गद्‌गद कंठ करो शीतल कवि,
अमृत-धार हिमालय है!
तरु-वृक्षों की पाँति घनी यह,
पत्थर पर किस भाँति बनी यह;
सुन्दर है जग में यदि भारत,
तो आधार हिमालय है!
करुणा से पाषाणी पिघली,
महाविजन में गंगा निकली;
नीचे हिम, ऊपर घन उज्ज्वल,
यह संसार हिमालय है!
प्रेमी मानव को वन्दन है,
अखिल विश्व का अभिनन्दन है;
भारत को जो कुछ कहना है
उसका उद्‌गार हिमालय है!

तुम मधुर, तुम्हारा प्रेम मधुर

गुण गाता मेरा विह्वल उर!
नाचता-बजाता मृदु नूपुर!
जग जल का गहरा अन्तरीप
तुम मोती हो, मैं तुच्छ सीप;
फिर भी बनकर उर का प्रदीप,
तुम रहते हो मेरे समीप!
तुम मधुर, तुम्हारा प्रेम मधुर!
गुण गाता मेरा विह्वल उर!
कहते हैं सब तुमको कठोर,
पर मेरे घन, मैं मुग्ध मोर;
यह ममता की रेशमी डोर,
ले चलो मुझे अब किसी ओर!
अब फूटा, बस फूटा अंकुर!
आभा से झलमल मेरा उर!

बादल गरजे बिजली चमके

पावस के श्यामल घन छाए!
कोयल बोले बुलबुल गाए!
उठीं घटाएँ काली-काली,
पवन झूलता डाली-डाली;
बादल गरजे बिजली चमके,
सिहर उठे वन की हरियाली!
मन-मन्दिर का द्वार खोलकर
प्रियतम मेरे घर में आए!
पावस के श्यामल घन छाए!

नाचे मेघ दामिनी थिरके,
मुग्ध मोर ताके फिर-फिरके;
बादल गरजे बिजली चमके
बाँधे समा घटा घिर-घिरके!
जब-जब आएँ सावन-भादों,
दुनिया बदल हमारी जाए!
पावस के श्यामल घन छाए!

आज भरे पत्तों के दोने,
उठे गुलाब लगे मुँह धोने;
बादल गरजे बिजली चमके,
रिमझिम-रिमझिम कोने-कोने!
वन के भीतर केकी नाचे,
मन के भीतर मानव गाए!
पावस के श्यामल घन छाए!

उमड़ा पावस का रस-सागर,
भर लो अपने मन की गागर;
बादल गरजे बिजली चमके,
ये घनश्याम बने नट-नागर!
पावस आए रिमझिम गाए,
घर-घर जीवन-दीप जलाए!
पावस के श्यामल घन छाए!

कोई

एक अनूठा खेल दिखाकर नटवर खेल रहा है कोई

(1)

मस्तक पर है चन्द्र सुशोभित
गंगा उलझी जटा-जूट में
स्वाद सुधा का मिलता उसको
काले-नीले काल-कूट में
गोरे तन पर भस्म रमाए
डाल गले मुंडों की माला
युग-युग से इस विश्व-मंच पर
नाच रहा है डमरूवाला
नाश और निर्माण सजाकर ज्ञानी खेल रहा है कोई

(2)

यह मोहक संसार बसाया
जड़-जंगम का मेल मिलाकर
बना दिया फिर चंचल-पागल

मूर्ति-मूर्ति को सुरा पिलाकर
मिट्टी की दीवाल खड़ी कर
दो आँखों में बत्ती धर दी
मानव की सुन्दर प्रतिमा में
अपनी उज्ज्वल आत्मा भर दी
निमिष-निमिष में हँसा-रुलाकर प्रेमी खेल रहा है कोई

(3)

सुघड़ सृष्टि उसके विचार हैं
निठुर प्रलय उसकी अभिलाषा
मेघ और सागर का गर्जन
उसकी एक सुनिश्चित भाषा
किरणें हैं उनका हँस उठना
विश्व-प्रिया के वक्षस्थल पर
है उसकी बाँहों का घेरा
एक रसिक-सा फूल खिलाकर शिल्पी खेल रहा है कोई

यह कविता देशरत्न, पूर्व राष्ट्रपति डॉ. राजेन्द्र प्रसाद प्रायः गाया-गुनगुनाया करते थे।